AF454613

VENUS ET ADONIS,

TRAGEDIE.

EN MUSIQUE,

REPRESENTE'E

PAR L'ACADEMIE ROYALLE

DE MUSIQUE.

On la vend,

A PARIS,

A l'Entrée de la Porte de l'Academie Royalle de Musique,
Au Palais Royal, ruë Saint Honoré.

Imprimée aux dépens de ladite Academie.

Par CHRISTOPHE BALLARD, seul Imprimeur du Roy
pour la Musique.

M DC. XCVII.

AVEC PRIVILEGE DU ROY.

PERSONAGES DU PROLOGUE.

PARTHE'NOPE. *Nymphe.*

ME'LICERTE. *Nymphe.*

PALE'MON. *Pasteur.*

DIANE.

Troupe de Nymphes & de Bergers.

Chœur de Bergers.

PROLOGUE.

Le Theatre represente une Plaine
bornée par la veuë de Marly.

PALEMON, MELICERTE, PARTHENOPE.

*Uittez, quittez, Bergers, vos paisibles
hameaux.*

MELICERTE.
*Déja la vigilante Aurore
A payé le tribut qu'elle devoit à Flore.*

PARTHENOPE.

*Le Soleil sort du sein des eaux,
Et ses premiers rayons vont dorer nos côteaux.*

PALE'MON.
*Mille fleurs se pressent d'éclore,
Et l'Echo se réveille au doux chant des oiseaux.*

Tous trois ensemble.

Quittez, quittez, Bergers, vos paisibles hameaux.

ã ij

PROLOGUE.
LE CHOEUR.

Quittons nos paisibles hameaux.

PALE'MON, MELICERTE, PARTHENOPE.

Ah! que nos destins sont tranquiles!
Cerés dans nos plaines fertiles
Répand ses plus riches moissons :
Nos jours coulent dans l'innocence,
Et nous bornons nôtre esperance
Aux seuls biens dont nous joüissons.

PALE'MON.

En vain le flambeau de la Guerre
Etincéle de toutes parts,
En vain l'impitoyable Mars
Fait voler sa fureur aux deux bouts de la Terre :
On ne craint point icy ses ravages affreux,
Et tandis que la foudre gronde
Nous joüissons d'un calme heureux
A l'abri des lauriers du plus grand Roy du monde.

MELICERTE.

Ce Roy toûjours victorieux
Détourne loin de nous la Guerre & les allarmes.
C'est luy qui soûtient seul par l'effort de ses armes
Les droits de la Terre & des Cieux.

PARTHENOPE.

Sa gloire est parvenuë aux plus lointains rivages,
Et ses Exploits sont reverez,
Jusques dans ces Climats sauvages
Où les Dieux sont presque ignorez.

PROLOGUE.

Tous trois ensemble.

Destins favorables
Recevez nos vœux,
Que ses jours durables
Soient toûjours heureux.

PARTHENOPE.

O ! vous, dont le pouvoir remplit la Terre & l'Onde,
Souverains arbitres du monde,
Vous, qui dans vos puissantes mains
Tenez le sort des Rois, & les jours des humains ;
Grands Dieux, conservez-nous nôtre unique espe-
rance,
Prenez soin d'un Heros, le bonheur des mortels,
L'appuy de la Vertu, l'espoir de l'Innocence,
Et le soûtien de vos Autels.

LE CHOEUR.

Destins favorables
Recevez nos vœux,
Que ses jours durables
Soient toûjours heureux.

Les Nymphes & les Bergers expriment leur joye par leurs danses.

UNE BERGERE chante cette Gigue au milieu de l'Entrée.

Demeurons dans ce doux azile,
Vivons-y contens ;
Des jours que la Parque nous file
Il faut ménager les instans.

PROLOGUE.

6

Profitons du Jour qui nous eclaire,
Il va bien-toſt faire place à la nuit.
D'une aile legere
Le temps s'enfuit.
La beauté n'eſt rien qu'une fleur paſſagere
Qu'un hyver détruit,
Et pour peu ǜon differe
On en perd le fruit.

PARTHENOPE.

Dequoy vous peut ſervir une attente frivole?
Soupirez, jeunes cœurs, profitez des beaux jours:
Comme un Zéphir leger la jeuneſſe s'envole,
Et les momens qu'on perd ſont perdus pour toûjours.

Sans eſpoir de retour cette onde fuit ſa ſource,
Et ces flots vers la Mer par les flots ſont chaſſez:
Nos plaiſirs, nos beaux jours, vont d'une egale courſe,
Et ne reviennent plus ſi-toſt qu'ils ſont paſſez.

UNE BERGERE chante ce Menuet avec le Chœur.

Profitez de la vie,
Beautez, faites un choix;
L'Amour vous y convie,
Aimez, ſuivez ſes loix.

Le Chœur répéte ces quatre Vers.

LA BERGERE.

Que ſert de ſe deffendre
De ſes charmans appas?
Ce Dieu ſçait nous ſurprendre
Quand nous n'y penſons pas.

PROLOGUE.

DIANE sur son Char.

Cessez de profaner un encens legitime,
Ne mêlez plus l'Amour & ses coupables loix
Au recit des Vertus du plus parfait des Rois,
    Songez en quel affreux abîme
    Ce Dieu précipite les cœurs
Qui se laissent surprendre à ses charmes trompeurs.

Adonis autrefois soûmis à ma puissance,
    N'osa luy faire resistance ;
    Je vay vous retracer son sort :
    Heureux, si l'exemple fidele
Des maux où le plongea cette ardeur criminelle,
Peut vous porter à fuir un semblable transport.

    Animez d'une ardeur plus belle,
Pour le plus grand des Rois reservez vos concerts,
    Et faites retentir les airs
Du récit éclatant de sa gloire immortéle.

LE CHOEUR.

    Animez d'une ardeur plus belle,
Pour le plus Grand des Rois réservons nos concerts,
    Et faisons retentir les airs,
Du récit éclatant de sa gloire immortelle.

FIN DU PROLOGUE.

ACTEURS
DE LA TRAGEDIE.

DONIS, *Fils de Cyniras, Roy de Cypre.*

CYDIPE, *Princesse du Sang des Rois de Cypre.*

VENUS.

MARS.

UN SUIVANT DE MARS.

Chœur & Troupe de Peuples de differens endroits de l'Isle de Cypre.

LA JALOUSIE.

Suite de la Jalousie, les Soupçons, le Dépit, la Fureur, la Haine, &c.

SUITE DE VENUS *Les Graces les Plaisirs.*

SUITE D'ADONIS.

BELLONE.

Chœur & Troupe de Guerriers de la suite de Bellone.

Troupe de Peuples qui sont poursuivis par la suite de Bellone.

Chœur & Troupe d'Habitans de la Ville d'Amathonte, & des Campagnes voisines.

La Scene est dans l'Isle de Cypre.

VENUS
ET ADONIS,
TRAGEDIE.

ACTE PREMIER.

Le Theatre represente le costé de la Forest d'Ida
le plus proche d'Amathonte, & dans l'enfonce-
ment un Temple consacré à Venus.

SCENE PREMIERE.

CYDIPE seule.

 *Ieux écartez, demeure obscure,*
Solitaires témoins des peines que j'endure,
Asile impénetrable à la clarté du jour ;
Redoublez, s'il se peut, l'épaisseur de vos
    ombres,

A

Et cachez à jamais dans vos retraites sombres
Mon desespoir & mon amour.

L'insensible Adonis ne connoît point encore
Ce qui fait naistre ma langueur;
Quel supplice pour moy si mon cruel vainqueur
Sçavoit l'ardeur qui me devore!
Amour, seul confident du trouble de mon cœur,
Ne luy révele point un secret qu'il ignore,
Puisque les maux que j'ay soufferts,
N'ont pû me délivrer d'une chaîne cruelle,
Epargne-moy, du moins, la tristesse mortelle
D'étaler à ses yeux la honte de mes fers.

SCENE SECONDE.

CYDIPE, ADONIS.

ADONIS.

Venus vient honorer nos tranquilles rivages,
Le choix d'un nouveau Roy l'améne en ce séjour,
Nos Peuples rassemblez dans ces heureux boccages
Celebrent par leurs chants la Mere de l'Amour.
Sa tendresse pour vous éxige vos hommages,
Vous possedez son cœur, vous régnez dans sa Cour;
Cependant vous venez rêver sous ces ombrages,
Et semblez seule ignorer ce grand jour.

CYDIPE.

Le repos & la Paix bornent mon esperance,
Et je les trouve dans ces lieux.

ADONIS.

Nos jeux, nostre réjoüissance,
N'ont ils rien qui flatte vos yeux ?
A nos Concerts harmonieux
Pouvez-vous préferer les horreurs du silence ?

CYDIPE.

Le silence des Bois n'inspire de l'effroy
Qu'aux cœurs exemts d'inquietude ;
Vous estes trop heureux pour sentir comme moy
Les douceurs de la solitude.

ADONIS.

D'un importun chagrin craignez-vous les rigueurs ?
Il n'est point parmy nous de Princesse plus belle,
Tout céde à vos attraits vainqueurs ;
L'amitié vous unit avec une Immortelle,
Et vous partagez avec elle
La conqueste de tous les cœurs.

CYDIPE,

Helas !

ADONIS.

De ce soûpir que faut-il que je pense ?
Quels sont vos secrets déplaisirs ?

CYDIPE.

Vous avez trop d'indifference
Pour pouvoir penetrer d'où naissent mes soûpirs.
ADONIS.
Si c'est l'amour qui cause vos allarmes,
Que je plains vostre sort ! & qu'il est rigoureux !
CYDIPE.

Vous plaignez mes malheurs sans partager mes lar-
mes ;
Helas ! que vous estes heureux !
ADONIS.
Les Bois m'ont donné la naissance,
J'ay toûjours reveré Diane & son pouvoir ;
Et des cœurs asservis à son obeïssance
L'indifference est le premier devoir.

Tous deux ensemble.

Charmante indifference,
Que vous avez d'attraits !
Redoutons à jamais
L'amour & sa puissance :
De ses funestes traits
Craignons la violence,
Sa plus belle apparence
Sçait tromper nos souhaits ;
Charmante indifference,
Que vous avez d'attraits !

Mais le peuple en ces lieux vient chanter la Déeſſe,
Nous devons partager la commune allegreſſe.

SCENE TROISIE'ME.

CYDIPE ADONIS. Chœur & Troupe
de Peuples de differens endroits de l'Iſle
de Cypre.

LE CHOEUR.

DE nos tranſports
Suivons l'ardeur fidéle,
Une immortéle
Deſcend ſur ces bords ;
Formons pour elle
Nos plus doux accords.
Avec les jeux les amours vont paraître,
Mille plaiſirs
Vont combler nos deſirs,
Dans ces beaux lieux Venus les fait renaître.

Deux des Filles du Chœur.

Tout rit dans ce charmant ſéjour,
Nos bois ſont parez de verdure ;
Dans les bocages d'alentour,
L'air retentit d'un doux murmure ;

Le celeste flambeau du jour
Répand sa clarté la plus pure :
Et l'on diroit que toute la Nature
Vient rendre hommage a la Mere d'amour.

Les habitans de l'Isle témoignent par des Dances, la joye que leur donne l'espoir de voir leur
Déesse.

Un des habitans chante cette Gavotte au milieu
de l'Entrée.

C'est en vain qu'un cœur sauvage
Fuit les amoureuses loix ;
Dans le printems de nôtre âge
Ne songeons qu'à faire un choix :
Un cœur en est-il moins sage
Pour s'engager une fois ?

Une des Filles chante cette seconde Gavotte
avec le Chœur.

Jeunes cœurs songez à plaire,
C'est un doux amusement ;
Aux soupirs d'un cœur sincere
L'on resiste foiblement,
Et la fierté ne tient guere
Contre les soins d'un amant.

LE CHOEUR pendant que Venus defcend.

Chantons , célebrons les appas
De la divinité qui defcend icy bas :
Que de beaux jours fa prefence nous donne ,
Les graces & les ris la fuivent en tous lieux,
Et la pompe qui l'environne
Reçoit tout fon éclat de celuy de fes yeux.

SCENE QUATRIE'ME.

VENUS, ADONIS, CYDIPE. Chœur
& Troupe, &c.

VENUS.

Vous qui reconnoiffez ma puiffance suprême,
Peuples, écoutez-moy, fuivez mes juftes loix,
Pour remplir en ces lieux l'honneur du Diadême
En faveur d'Adonis j'ay fçeu fixer mon choix :
Dans le fang de vos Rois ce Prince a pris naiffance,
Honorez a jamais un choix fi glorieux ,
Le feul tribut qui puiffe plaire aux Dieux
Eft la fincere obeïffance.

ADONIS.

Quels refpcks ! quel encens ! . . . .

VENUS.

Il suffit, laissez-moi,
Vôtre moindre bon-heur est celuy d'être Roi :
Vous connoistrez bien-tost quel est vostre partage,
Vous peuples que mon choix a rangez sous sa loy,
Allez dans son Palais par un pompeux hommage
Faire à ses yeux éclater vostre foy.

SCENE CINQUIEME.

VENUS, CYDIPE.

CYDIPE.

A Donis est comblé de gloire,
Vos bienfaits vont encore redoubler sa fierté.

VENUS.

Adonis est content, il m'est doux de le croire;
Mais si par mes bienfaits son orgüeil est flatté,
Quel doit estre l'excez de sa felicité
Quand il connoistra la victoire
Que le cœur de Venus offre à sa vanité?

CYDIPE à part.

Qu'entens-je? ô Ciel!

VENUS.

VENUS.

Il faut parler sans feinte ;
En vain je te voudrois celer
L'ardeur dont mon ame est atteinte,
Mon mal s'accroit à le dissimuler :

Il te souvient du jour qu'un pompeux sacrifice
Me fit descendre dans ces lieux,
Sur l'aimable Adonis je détournay les yeux ;
Ce funeste regard commença mon supplice,
Je sentis à l'instant dans mes esprits charmez,
Naistre tous les transports d'une ardeur violente,
Et le seul souvenir du Heros qui m'enchante
Ne les a que trop confirmez.

CYDIPE.

Pouvez-vous du Dieu Mars oublier la tendresse ?
Favorable autrefois aux feux qu'il sent pour vous
D'un mutuel amour vous ressentiez les coups,
Pour un simple mortel aurez-vous la foiblesse
De briser des liens si doux ?

VENUS.

Adonis est mortel, Mars est un Dieu terrible :
Ses soins me seroient précieux,
Si la splendeur du rang pouvoit rendre sensible ;
Mais le penchant du cœur suit le plaisir des yeux,
Et l'amour rend égaux les mortels & les Dieux.

CYDIPE.

Par cette injuste préférence,
Craignez d'aigrir la violence,
De son implacable couroux,
La plus redoutable vangeance
Est celle de l'amour jaloux.

VENUS.

Mes soins garantiront l'objet qui m'a sçeu plaire
Des transports de ce Dieu fatal,
Les vains efforts de sa colere
Serviront de trophée à son heureux rival;
Mais allons voir ce que j'adore,
Amour! toy qui causas l'ardeur qui me dévore,
Frappe son cœur des mesmes traits,
J'oublirai tous les maux que ta rigueur m'a faits.

CYDIPE en s'en allant.

Dieux qui voyez les maux dont je suis poursuivie,
Prevenez ce malheur, ou m'arrachez la vie.

Fin du premier Acte.

ACTE II.

Le Theatre reprefente le Palais
des Rois de Cypre.

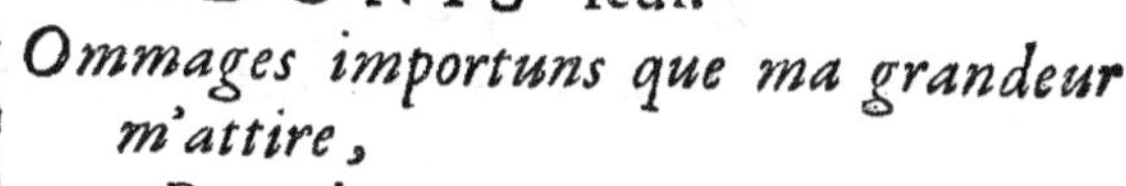

SCENE PREMIERE.
ADONIS feul.

Ommages importuns que ma grandeur
m'attire,
Dans le rang augufte où je fuis,
Pour un moment fouffrez que je refpire,
Et laiffez-moi fans vous rêver à mes ennuis.

Quels tranfports inconnus ! quelle langueur fecrette!
Dieux que mon cœur eft agité !
Malheureux Adonis, quel trouble t'inquiete,
Ah ! fi tu dois enfin perdre ta liberté,
Faut-il qu'une Divinité
Soit le premier objet de ta flâme indifcrete ?

B ij

Mais elle porte icy ses pas,
Que de troubles divers s'élévent dans mon ame!
Mes yeux ne me trahissez pas,
Cachez bien le secret de ma coupable flâme.

SCENE SECONDE.

VENUS, ADONIS.

VENUS.

J E *vous voy seul en ce Palais,*
Quoy déja vous fuyez la Cour & ses attraits?
Tous les soins d'un grand Peuple attentif à vous
plaire,
Sont-ils d'assez tristes objets
Pour vous rendre inquiet, rêveur & solitaire?

ADONIS.

La solitude à ses douceurs,
Et quelquefois la rêverie
Fait le plus doux charme des cœurs.

VENUS.

La solitude est sans douceurs,
Si l'amoureuse rêverie
Ne prend soin d'y porter les cœurs.

Vous aimez, malgré vous vôtre ardeur eſt trahie,
Vos yeux de vôtre cœur découvrent l'embarras.

A D O N I S.

Moy j'aimerois ? ô Dieux !.... non ne le croyez pas.

V E N U S.

Vous voulez affecter le titre d'inſenſible ;
Cependant vôtre cœur soûpire en ce moment,
    Et les soûpirs ſont rarement
    Le langage d'un cœur paiſible :

    Ne puis-je enfin vous arracher
    Un aveu qui ſoit plus ſincére ?

A D O N I S.

Eh que me ſerviroit d'éclaircir un myſtere
    Que je dois à jamais cacher ?
Non non, quand j'aimerois tout me force à me taire,
Il n'appartient qu'aux Dieux d'aſpirer à vous plaire,
Les soûpirs d'un mortel pourroient-ils vous toucher ?

V E N U S.

    Les Dieux à qui tout eſt poſſible,
Du bonheur d'un mortel pourroient eſtre jaloux,
Il en eſt qui peut eſtre ont un cœur plus ſenſible,
    Et qui ſont moins heureux que vous.

A D O N I S.

Ciel ! quel aveu charmant ! qui l'eût jamais pû
    croire ?

VENUS.

Connoiſſez, il eſt tems, quelle eſt vôtre victoire?

VENUS ET ADONIS.

Aimons à jamais, aimons-nous,
Faiſons d'un nœud ſi beau nôtre bonheur ſuprême:
Eh quel autre bien eſt plus doux
Que celuy d'eſtre aimé du ſeul objet qu'on aime?

VENUS.

D'une Cour empreſſée allez remplir l'eſpoir,
Elle attend le moment de vous marquer ſon zéle;
Allez, dans peu de tems je pourray vous revoir,
Et je veux qu'une fête auguſte & ſolennelle
Signale avec éclat nôtre ardeur mutuelle.

SCENE TROISIE'ME.

VENUS, CYDIPE.

VENUS.

P Ren part, chere Cydipe, au bonheur de mes feux,
Adonis répond à mes vœux.

CYDIPE.

Que dites-vous? l'amour a pû fléchir ſon ame?

VENUS.

Mes regards ont esté les témoins de sa flâme,
Du destin de Venus conçois-tu la douceur?
Mais non, jamais l'amour n'a sçeu toucher ton
    cœur,
Et pour pouvoir juger de mon bonheur extréme,
      Il faudroit aimer comme j'aime.

CYDIPE à part.

Ciel! puis-je soûtenir l'horreur de mon tourment?

VENUS.

Adieu, l'amour m'appelle auprés de mon amant,
Je ne puis résister à mon impatience;
    Quand on aime parfaitement
    C'est toûjours une longue absence,
    Que l'absence d'un seul moment.

SCENE QUATRIE'ME.

CYDIPE seule.

AY-je assez éprouvé ton injuste colere
Amour, est-tu content des rigueurs de mon sort?
Quoi? prête à découvrir mon funeste mystere,
Quand je viens sur l'ingrat faire un dernier effort,
    J'apprens qu'une autre à sceu luy plaire?

Le barbare, content, de me donner la mort,
Affectoit pour moy seule un orgueil si sevére :
Ah Dieux !... mais que me sert de répandre des
     pleurs ?
Frivoles déplaisirs, inutiles douleurs !
       Tandis que je me défespere
Ma Rivale en repos joüit de mes malheurs.

O Mars, souffriras-tu cette injure cruelle ?
Que fais-tu dans les Cieux, tandis qu'une infidéle
Trahit pour un mortel ton espoir le plus doux ?
       Mars terrible, Mars formidable,
De ton couroux vangeur, fay-leur sentir les coups,
Immole ces ingrats à ta haine implacable :
       Et toy farouche Deïté,
Affreuse Jalousie aux mortels si funeste,
     Pren ton essor vers le séjour Celeste,
Empare-toy du cœur de ce Dieu redouté ;
       Fay-luy d'un si sensible outrage
       Une image pleine d'horreur,
       Et lance dans ce fier courage
       Ces traits de rage & de fureur
Des vangeances d'un Dieu redoutable presage.

SCENE

SCENE CINQUIÉME.

CYDIPE, LA JALOUSIE.

LA JALOUSIE.

TA voix a réveillé mes transports furieux,
        Je veux seconder ta vangeance,
Et par de promts effets signaler ma puissance ;
C'est trop laisser en paix & la Terre & les Cieux.

        Ministres de mes barbaries,
        Noirs soupçons, jalouses furies,
        Quittez le séjour des Enfers
Pour venir avec moy troubler tout l'Univers :
Volez, dispersez-vous du couchant à l'aurore,
Exerçons en tous lieux nos funestes rigueurs,
Et jusques dans les Cieux allons remplir les cœurs
        De la fureur qui nous dévore.

SCENE SIXIE'ME.

LA JALOUSIE, SUITE DE LA JALOUSIE.

Les Soupçons , le Dépit , la Fureur,
Le Défefpoir, la Haine , &c.

CHOEUR.

QUittons le féjour des Enfers,
Allons troubler tout l'Univers,
Volons, difperfons-nous du couchant à l'aurore,
Exerçons en tous lieux nos funeftes rigueurs,
Et jufques dans les Cieux, allons remplir les cœurs
De la fureur qui nous devore.

La fuite de la Jaloufie exprime la joye que luy
donnent les ordres qu'elle vient de recevoir.

LE CHOEUR.

Quel plaifir de répandre
Dans un cœur trop tendre
Un trouble fatal :
Les plus triftes allarmes
Nous offrent les charmes
D'un bien fans égal :

La fureur & la rage
    Quand on les partage,
    Ne sont plus un mal.
Quel plaisir de répandre
    Dans un cœur trop tendre,
    Un trouble fatal.

Nous chassons l'allegresse,
    L'affreuse tristesse
    Nous suit en tous lieux.
Nôtre rage inhumaine
    Triomphe sans peine,
    Jusques dans les Cieux.
Leur demeure tranquille
    N'est pas un azile
    Pour les grands Dieux.
Nous chassons l'allegresse,
    L'affreuse tristesse
    Nous suit en tous lieux.

Fin du second Acte.

ACTE III.

Le Theatre reprefente un Jardin, que Venus à
fait orner pour la Fefte qu'elle prépare
à Adonis.

SCENE PREMIERE.

MARS feul.

Uelle pompe nouvelle éclate dans ces
lieux?
Pour qui font deftinez ces apprets
odieux?
Tout me confirme icy mon funefte préfage;
Secrets preffentimens qui deffillez mes yeux,
Ah! ne m'avez-vous fait abandonner les Cieux,
Que pour eftre témoin des feux d'une volage?

Allons, il faut m'en éclaircir,
Je sçauray pénétrer ce funeste mystere,
Et dans le vif éclat de ma juste colere,
Malheur à qui m'ose trahir.

SCENE SECONDE.

MARS, UN SUIVANT DE MARS.

SUIVANT DE MARS.

Je ne puis rien comprendre à ce desordre horrible
Où vôtre cœur semble floter.

MARS.

Tu vois un exemple terrible
Des tourmens où l'amour sçait nous précipiter :
J'ignorois l'affreuse tristesse
Qu'une jalouse crainte excite dans les cœurs,
A mes yeux prévenus l'amour s'offroit sans cesse
Entouré de mille douceurs :
Mais Venus sur la terre aujourd'huy descenduë,
Pour la premiere fois éloigné de ses yeux,
Tout ce qu'un noir soupçon à de plus furieux
A frappé mon ame éperduë ;
J'ay crû dans mes sombres terreurs,
Voir en de nouveaux fers cette Amante volage,
Bien-tost la Jalousie allumant mes fureurs.

M'a tracé vers ces lieux un fidéle passage,
Et j'y viens plein d'amour, de colere & de rage,
D'un soupçon si cruel éclaircir les horreurs.

SUIVANT DE MARS.

Un cœur qui s'abandonne à son inquiétude,
Se repent bien souvent d'en avoir trop appris,
Et peu d'Amans sçavent le prix
D'une flatteuse incertitude.

MARS.

Non, il faut pour calmer l'excez de mon tourment,
En immoler la cause à mon ressentiment.
Tremble Déesse criminelle,
Tremble pour ton heureux Amant;
Je vais par une mort cruelle
Le punir de ton changement,
Et le malheur d'etre immortéle,
Suffira pour ton châtiment.

SUIVANT DE MARS.

Laissez-vous moins séduire au conseil peu fidéle
D'un téméraire emportement.

Une Maîtresse qu'on offence,
Par une trop rude vangeance,
Tost ou tard se vange à son tour:
Et dans une beauté légére
L'aigreur d'une juste colére,
Est plus à craindre que l'amour.

MARS.

Si je puis averer l'outrage
Que mon cœur me fait preſſentir,
Je ſçauray m'épargner les maux d'un repentir
Par le mépris d'une volage :

Mais de quels chants nouveaux retentiſſent les airs?
Qu'entens-je?

SUIVANT DE MARS.

C'eſt Venus que nous voyons paroître.

MARS.

Sans doute cet Amant que je cherche à connoître
Vient prendre part à ces concerts :
Cachons-nous aux yeux de l'ingrate,
Pour un moment encor contraignons mes fureurs,
Avant que ma vangeance éclate
Je veux approfondir le ſecret de leurs cœurs.

SCENE TROISIE'ME.

VENUS, ADONIS, SUITE DE VENUS, SUITE D'ADONIS.

LE CHOEUR.

Heureux Amans que vos flâmes sont belles,
Que vos nœuds sont doux!
Soyez fidelles,
Les plus beaux jours ne sont faits que pour vous;
Les doux transports de vôtre ardeur naissante
Font tous vos plaisirs:
L'amour prend soin de former vos desirs,
Il vous éxemte
Des tristes soûpirs.
Heureux Amans que vos flâmes sont belles,
Que vos nœuds sont doux!
Soyez fidelles,
Les plus beaux jours ne sont faits que pour vous.

VENUS ET ADONIS.

Tendre prix des ames constantes,
Ardeurs charmantes,
Douces langueurs,
Soyez sans cesse renaissantes.

Douces

Douces langueurs,
Ardeurs charmantes,
Regnez à jamais dans nos cœurs.

LE CHOEUR.

Connoy le prix d'une si grande Gloire
Mortel trop heureux.
Quelle victoire
Le tendre Amour vient offrir à tes vœux!
C'est pour toy seul qu'une aimable Déesse
Descend dans ces lieux.
Tu la contrains de mépriser les Cieux,
Et la tendresse
D'un des plus grands Dieux,
Connoy le prix d'une si grande gloire
Mortel trop heureux.
Quelle victoire
Le tendre Amour vient offrir à tes vœux!

Les Graces, les Plaisirs, & toute la Jeunesse ga-
lante de l'Isle de Cypre, viennent rendre leurs
hommages à Venus & à Adonis.

UN DES PLAISIRS chante ce Menuet avec le Chœur.

Non, ce n'est point la grandeur suprême
Qui fait trouver le sort le plus heureux.
LE CHOEUR.
Non ce n'est point la grandeur suprême
Qui fait trouver le sort le plus heureux.

UN DES PLAISIRS.

L'éclat pompeux d'une puiſſance extrême
N'exemte pas de mille ſoins facheux.

LE CHOEUR.

Non ce n'eſt point la grandeur ſuprême
Qui fait trouver le ſort le plus heureux.

UN DES PLAISIRS.

Se voir cheri de l'objet que l'on aime,
Vivre contens, former les mêmes vœux,
C'eſt le ſouverain bien des Dieux même.

LE CHOEUR.

Non ce ce n'eſt point la grandeur ſuprême
Qui fait trouver le ſort le plus heureux.

Une des Graces chante ce Menuet alternativement
avec le Chœur.

Lors que l'amour dans ſes nœuds nous appelle,
Pourquoy s'armer d'une vaine fierté ?
Il vaut mieux prendre une chaîne ſi belle,
Que de languir dans nôtre liberté.

Second Couplet.
Ne craignons point de luy rendre les armes,
Ne craignons point de pouſſer des ſoûpirs ;
Si quelquefois il fait verſer des larmes,
On en eſt trop payé par ſes plaiſirs.

LE CHOEUR.

Mars paroît, justes Dieux! quelle fureur l'inspire!
Quels regards menaçans ses yeux lancent sur nous.

VENUS.

Ne craignez rien, allez, que chacun se retire,
J'apaiseray bien-tost ses mouvemens jaloux.

SCENE QUATRIE'ME.

MARS, VENUS.

MARS.

OV sont-ils ces objets de ma juste vengeance?
Ces Amans odieux, que sont-ils devenus?
En quel lieu? .... Mais je voy l'infidéle Venus:
Perfide, pouvez-vous soûtenir ma présence
Aprés vôtre infidélité,
Et ne craignez-vous point mon amour irrité.

VENUS.

De quel injuste effroy vôtre ame est-elle atteinte?
Quels sont ces indignes soupçons?

MARS.

Ah finissez une importune feinte,
Mes yeux ont éclaircy toutes vos trahisons;

Mais ne préfumez pas qu'un rival témeraire
Puiffe fe garantir des traits de ma colére :
En vain à mes regards vos foins l'ont fceu cacher,
Jufques dans les Enfers je fçauray le chercher.

Ne tardons plus, cedons au couroux qui m'anime,
      Suivons cet Amant fortuné,
Qu'il foit de mes fureurs la premiere victime,
      Et que l'Univers étonné
Frémiffe en apprenant ma vengeance & fon crime.

VENUS.

Je vois avec plaifir ce dépit éclatant,
Il m'affure un amour délicat & conftant.
      On connoift mieux un cœur fenfible
      Dans l'éclat d'un jaloux tranfport,
      Que dans l'affurance paifible
      D'un Amant content de fon fort.

MARS.

      Non n'efperez pas infidéle
Que je puiffe oublier un fi noir changement.

VENUS.

Venus fçaura calmer un tel emportement.

MARS.

      Non n'efperez pas infidéle
Que je puiffe oublier un fi noir changement ;
      Plus je vous aimay tendrement,
      Plus ma haine fera cruelle.

VENUS.

Cessez de m'outrager par d'injustes transports ;
Mon départ vous a fait douter de ma tendresse,
Et j'ay sceu que cette foiblesse
Vous avoit conduit sur ces bords.
J'ay voulu vous punir d'un soupçon qui m'offense ;
Sous le voile trompeur d'un amour concerté,
J'ay surpris en ces lieux vôtre crédulité
Par une frivole apparence :
Mais c'est assez long-tems joüir de vôtre erreur,
J'ay pitié des frayeurs où s'égare vôtre ame,
Et mon cœur doit à voftre flâme
Le soin de dissiper cette vaine terreur.

MARS.

Ciel ! croiray-je ? . . . . mais non je voy voftre artifice.

VENUS.

Quoy ? vous osez douter de ma sincerité ?
Ah c'est trop d'un Amant éprouver l'injustice,
Je doy rougir de ma lâche bonté.
Partez, suivez en liberté
Les injustes conseils d'un aveugle caprice,
Je vous laisse nourrir vos soupçons odieux,
Allez, & gardez-vous de paraître à mes yeux.

MARS.

Ah cruelle arrêtez. Ciel quelle est ma foiblesse !
Mais il faut de mon sort subir la triste loy ;

Un funeſte penchant m'entraîne malgré moy,
Et fait de mon dépit triompher ma tendreſſe.

VENUS.

Non, vôtre amour n'eſt point égal à mon ardeur.

MARS.

Ah ! daignez mieux juger des tranſports de mon
  cœur.

Tous deux enſemble.

Mon ame n'eſt aſſervie
Qu'au ſeul deſir de vous voir;
Il fait mon plus doux eſpoir,
Il fait ma plus chere envie.

VENUS.

Qu'il m'eſt doux de vous voir goûter un plein repos!
Je vais quitter ces lieux pour me rendre à Paphos,
Je joüiray bien-toſt de l'heureux avantage
  De revoir le Dieu qui m'engage.

SCENE CINQUIE'ME.

MARS, seul.

Goutons un repos plein d'attraits,
Le calme d'une heureuse paix
Succéde à mes inquiétudes.
Cruels soupçons, tristes soûpirs,
C'est à vos tourmens les plus rudes
Que je doy mes plus doux plaisirs.

Sortons d'une terreur funeste,
Venus a dissipé les troubles de mon cœur,
Retournons au sejour Céleste.

SCENE SIXIE'ME.

MARS, CYDIPE.

CYDIPE.

Arrête, Dieu credule, & repren ta fureur:

Séduit par un vain artifice,
Sur la foy des sermens d'une ingrate beauté,
Tu crois tes feux en seureté;

Mais c'est trop faire grace à sa noire injustice.
Tu vois un cœur en proye aux plus vives douleurs,
Devorée en secret d'une flame fatale,
J'adorois un ingrat, heureuse en mes malheurs,
Puisque j'aimois du moins sans craindre de rivale.
  Mon cœur souffroit tranquillement:
Ah falloit-il Déesse trop cruelle
Oter encor à ma douleur mortelle
  Un si foible soulagement.

M A R S.

O Ciel! en quelle erreur mon aveugle tendresse
  Avoit-elle pû me plonger!
  Ah je rougis de ma foiblesse,
Ne quittons pas du moins ces lieux sans nous vanger.

M A R S E T C Y D I P E.

  Courons à la vangeance,
  Unissons-nous dans nos transports:
  Vangeons par de communs efforts
  Nôtre amour qu'on offense.

Fin du troisiéme Acte.

ACTE IV.

ACTE IV.

Le Theatre reprefente la Ville
d'Amathonte.

SCENE PREMIERE.

VENUS, ADONIS.

VENUS.

'Une aveugle fureur Mars n'eft plus
    agité,
Pour vos jours déformais je n'ay plus rien
    à craindre;
Et nôtre amour en fûreté
Peut s'expliquer fans fe contraindre.
Les Peuples de Paphos s'affemblent dans ce jour
Pour célébrer celuy de ma naiffance:
Je ne puis à leurs jeux refufer ma préfence;

E

Mais j'espere bien-tost par un heureux retour
Réparer les momens que cette triste absence
Va dérober à mon amour.

A D O N I S.

O Ciel ! que venez-vous m'aprendre ?
A quel supplice afreux m'osez-vous condamner ?
A peine mes soûpirs ont sceu se faire entendre,
Et vous voulez m'abandonner ?

V E N U S.

Est-ce abandonner ce qu'on aime
Que de s'en éloigner pour un jour seulement ?

A D O N I S.

Helas ! dans ma douleur extrême,
Que ce jour malheureux coulera lentement !

V E N U S.

Plus l'absence cause d'allarmes,
Plus le retour promet de douceurs & de charmes.

A D O N I S.

Songez aux déplaisirs que vous m'allez couter.

V E N U S.

J'en ressens comme vous les cruelles atteintes.

A D O N I S.

Vous estes sensible à mes plaintes,
Cependant vous m'allez quitter ?

V E N U S.

Par cet éloignement souffrez que je ménage
L'amour que je vous ay donné :
Vous en serez moins fortuné ;
Mais vous en aimerez peut-estre davantage.

A D O N I S.

Pouvez-vous douter de ma foy ?
Que cette défiance est injuste & cruelle !
Ah quand on aime comme moy,
Plus on se voit heureux & plus on est fidelle.

V E N U S.

Un cœur sans crainte & sans desirs
Se lasse bien-tost de ses chaînes :
L'amour s'éteint par les plaisirs
Et se rallume par les peines.

A D O N I S.

Aprés avoir flatté les plus doux de mes vœux,
Vous m'accablez des traits d'une rigueur mortelle,
Ma peine seroit moins cruelle
Si j'avois esté moins heureux.

V E N U S.

C'est par les chagrins & les larmes
Que l'amour fait payer ses plus tendres faveurs :
On est peu sensible à ses charmes,
Lors que l'on n'a jamais éprouvé ses rigueurs.

Mais c'est trop differer un depart necessaire :
Adieu, consolez-vous dans cet éloignement,
S'il ne faut pour vous satisfaire
Que partager vôtre tourment.

SCENE SECONDE.

A D O N I S seul.

FUneste & rigoureuse absence,
Que vous m'allez coûter de soûpirs & de pleurs.
En vain d'un promt retour la flateuse esperance
Veut calmer mes vives douleurs.
Eloigné des beaux yeux dont je sens la puissance,
Je ne songe qu'à mes malheurs :
Funeste & rigoureuse absence
Que vous m'allez coûter de soûpirs & de pleurs?

SCENE TROISIE'ME.

MARS, CYDIPE, ADONIS.

MARS ET CYDIPE.

C'Est tarder trop long-tems à punir ton audace,
Reconnoy le Dieu de la Thrace,

Tremble témeraire rival,
Il est tems qu'une mort cruelle
Vange le défespoir fatal,
Où nous livre aujourd'huy ta flâme criminelle.

ADONIS.

Est-ce un crime de trop aimer,
Quand le Ciel nous a fait un cœur fenfible & tendre?
Si l'amour peut forcer des Dieux à s'enflâmer,
Un mortel peut-il s'en deffendre?

MARS ET CYDIPE.

En vain tu crois nous attendrir;
Perfide ta mort est certaine,
Il faut te refoudre à périr
Ou rompre une fatale chaîne.

ADONIS, à Cydipe.

Quel fujet de couroux vous arme contre moy?

CYDIPE.

Puis-je affez te punir de m'avoir trop fceu plaire?
Par les tranfports de ma colére,
Ingrat connoy l'amour dont je brûle pour toy;

Renonce au penchant qui te guide,
Evite un affreux chatiment.

ADONIS.

Suivez, fuivez plûtoft vôtre reffentiment,
Je crains moins le trépas que le nom de perfide.

MARS.

Traître, c'est trop souffrir tes insolens discours,
Il est tems que la mort en termine le cours.

CYDIPE.

Dieux! que vois-je? arrêtez, que prétendez vous
     faire?
Dieu puissant, révoquez un arrest si sevére.
Ah si vôtre couroux ne sçauroit s'appaiser
     Que par un sanglant sacrifice,
De mes funestes jours vous pouvez disposer;
Frappez, & terminant ma vie & mon supplice,
Dans les flots de mon sang puissiez vous épuiser
     Les rigueurs de vôtre justice.

MARS.

Quelle indigne pitié calme vôtre couroux?
     Mais je veux bien vous satisfaire,
     Et les transports de ma colére
Dédaignent d'éclater par de si foibles coups.
     C'est peu d'une seule victime
     Pour calmer mon ressentiment,
Il faut à mon injure un vaste chatiment.
Les peuples de ces bords ont partagé son crime
     Par leur lache applaudissement,
Ils vont tous éprouver la fureur qui m'anime.
Fuy traître, hate-toy de partir de ces lieux;

Et vous qui prenez sa deffense,
Allez de son destin gémir loin de mes yeux,
Et ne troublez plus ma vengeance.

SCENE QUATRIE'ME.

MARS seul.

C'En est fait, le dépit vient d'éteindre mes feux;
 Aprés un tourment rigoureux,
Qu'il est doux de pouvoir punir une volage!
 Trop heureux un cœur outragé
Qui joüit du bonheur de sortir d'esclavage,
 Et du plaisir d'être vangé.

 Venez implacable Bellone,
Obéissez aux loix que ma fureur vous donne :
Sauvez-moy de l'affront d'immoler des ingrats,
Indignes de périr sous l'effort de mon bras ;
 Secondez ma jalouse rage,
 Portez dans ces tristes climats
 L'effroy, la mort, & le carnage ;
Que ce Peuple odieux de coups mortels frappé
Sous ses murs abbatus perisse enveloppé,
Et qu'un fleuve de sang inondant ce rivage,
 Aille par cent canaux divers
Annoncer ma vangeance au bout de l'Univers.

SCENE CINQUIE'ME.
MARS, BELLONE.
BELLONE.

Par mes empreſſemens connoy quel eſt mon zéle,
  Je vole où ta fureur m'appelle,
Bien-toſt mes cruautez appuyant ton couroux,
  Vont détruire un peuple coupable,
Pour le cœur de Bellone eſt-il un bien plus doux
  Qu'une vangeance impitoyable.
Vous qui m'accompagnez dans l'horreur des combats,
  Hatez-vous de ſuivre mes pas ;
Servons d'un Dieu vangeur la haine impatiente,
  Courons, uniſſons nos efforts :
Répandons en ces lieux l'horreur & l'épouvante,
  Ravageons ces funeſtes bords.
Que ces murs embraſez, que la terre ſanglante
  Signalent nos cruels tranſports.
Servons d'un Dieu vangeur la haine impatiente,
  Courons, uniſſons nos efforts.

SCENE VI.

SCENE SIXIE'ME.

MARS, BELLONE, SUITE DE BELLONE.

C H OE U R.

Servons d'un Dieu vangeur la haine impatiente,
  Courons, unissons nos efforts :
Répandons en ces lieux l'horreur & l'épouvante,
  Ravageons ces funestes bords.
Que ces murs embrasez, que la terre sanglante
  Signalent nos cruels transports ;
Servons d'un Dieu vangeur la haine impatiente,
  Courons, unissons nos efforts.

Les suivans de Bellone un poignard dans une main, & des torches allumées dans l'autre, portent le ravage dans Amathonte, & en poursuivent les habitans.

LE CHOEUR.

Vangeons-nous de l'amour fatal
  D'un trop heureux rival.
De ce coupable objet il faut purger la terre,
  Que sa mort couronne à nos yeux
  Les maux qu'ont faits en ces lieux
  La flâme & la guerre ;

F

Vangeons-nous de l'amour fatal
D'un trop heureux rival.

M A R S.

Arrêtez, suspendez, l'ardeur qui vous anime,
Et ne vous chargez point d'une indigne victime.
Le sort d'un rival odieux,
S'il tomboit sous vos coups seroit trop glorieux:
Je veux que sa mort soit l'ouvrage
Du plus vil habitant des bois.
O toy dont ce perfide ose trahir les loix
Diane, si ton cœur est sensible à l'outrage
Que ses feux t'ont fait recevoir,
Sers-toy pour le punir, de ton fatal pouvoir,
Qu'un monstre furieux s'arme pour son supplice,
Et par cet affreux sacrifice,
Instruisons à jamais les cœurs audacieux
Du respect qu'ils doivent aux Dieux.

Fin du quatriéme Acte.

ACTE V.

Le Theatre represente les ruïnes d'Amathonte & des Campagnes voisines.

SCENE PREMIE'RE.

MARS, CHOEURS DE PEUPLES
derriere le Theatre.

MARS.

Enfin je vay bien-tost voir punir qui m'offense,
Diane à satisfait à mon impatience ;
Et sans interresser la gloire de mon bras,
Elle a de mon rival préparé le trépas.

CHOEUR derriére le Theatre.

Prenez pitié de nôtre peine,
Dieux puissans que nos pleurs appaisent vôtre haine.

MARS.

Je vois à ces cris pleins d'horreur,
Que le monstre déja fait sentir sa fureur.

CHOEUR derriere le Theatre.

Prenez pitié de nôtre peine,
Dieux puissans que nos pleurs appaisent vôtre haine.

MARS.

Que ces gémissemens sont pour moy pleins d'appas!
La perfide Venus ne triomphera pas
De mes tourmens & de son inconstance.
Qu'il est doux aux cœurs meprisez
De retrouver dans la vangeance,
Les plaisirs que l'amour leur avoit refusez!

SCENE SECONDE.

MARS, CYDIPE.

CYDIPE.

Ciel! quel effroyable ravage!
O Mars, soyez touché d'un si funeste sort!
Un monstre animé par la rage,
Séme de toutes parts l'épouvante & la mort.
Ah faut-il que nos pleurs vous trouvent insensible,
Et le courroux des Dieux doit-il estre inflexible.

MARS.

Non non, rien ne peut m'attendrir,
Vos peuples insolens ne sçauroient trop souffrir :
Je ne puis trop punir le criminel hommage,
Dont ils ont couronné les feux d'une volage ;
Mais leur juste trépas n'est qu'un degré fatal
  A la perte de mon rival.

Diane a de sa mort flatté mon esperance,
Je n'ay plus qu'à quitter un séjour odieux,
  Je pars, & je vai dans les Cieux
Attendre le succez d'une juste vangeance.

CYDIPE seule.

  Il disparoît, ô justes Dieux !
Adonis va périr, Ciel! prenez sa défense !

SCENE TROISIE'ME.

CYDIPE, ADONIS.

CYDIPE.

AH Prince où portez-vous vos pas?

ADONIS.

Je vais d'un monstre affreux délivrer ces climats.

CYDIPE.

Ah fuyez une mort certaine
Diane, & le Dieu Mars s'arment contre vos jours.

ADONIS.

Je sçay que ma perte est prochaine,
Mais mon Peuple gémit, je vole à son secours.

CYDIPE.

Tout s'unit, tout conspire à flater vôtre envie ;
La fortune & l'amour favorisent vos vœux.
Ah si vous méprisez la vie,
Que feront les cœurs malheureux ?

ADONIS.

Quand les honneurs du Diadême
M'offriroient encor plus d'appas,
Absent de la beauté que j'aime,
Puis-je redouter le trépas !

Vos feux ont contre moy soûlevé l'injustice
D'un Dieu tout prest à m'immoler :
Si pour moy vôtre cœur se sent encor brûler,
Ma mort sera vôtre supplice.

SCENE QUATRIE'ME.

CYDIPE seule.

IL me fuit? Dieux quelle rigueur!
Malgré tous ses mépris je puis l'aimer encore,
Il me fuit? & mon lache cœur
Ne sçauroit étouffer l'ardeur qui le dévore?

Venez juste dépit, venez briser mes fers,
C'est à vous de finir ma peine:
L'amour livre mon cœur à mille maux divers,
Je ne puis résister au penchant qui m'entraîne,
Et les tourmens que j'ay soufferts
Ne font que resserrer ma chaîne:
Venez juste dépit, venez briser mes fers,
C'est à vous de finir ma peine.
Pour punir un ingrat trop digne de ma haine,
De funestes secours en vain me font offerts,
Helas! contre des jours si chers
Je sens que ma colére est vaine.
Venez juste dépit, venez briser mes fers,
C'est à vous de finir ma peine.

CHOEUR derriére le Theatre

Adonis a domté le monstre & sa fureur,
De nos champs défolez il bannit la terreur.

CYDIPE.

Par ces chants de réjoüissance,
J'aprens qu'Adonis est vainqueur :
Quoy ? des Dieux conjurez, il brave la rigueur ? ....
Mais le peuple en ces lieux s'avance,
Je ne puis plus cacher le trouble de mon cœur,
Fuyons, évitons sa présence.

SCENE CINQUIE'ME.

Chœur & Troupe de Peuples d'Amathonte, &
des Campagnes voisines.

LE GRAND CHOEUR.

A*Donis a domté le monstre & sa fureur,*
De nos Champs désolez, il bannit la terreur.

LE PETIT CHOEUR.

Chantons sa Victoire,
Rendons hommage à sa Gloire.

LE GRAND CHOEUR.

Célébrons à jamais ses efforts généreux,
C'est sa rare valeur qui va nous rendre heureux.

UNE DES FILLES DU CHOEUR.

Le Ciel attendri par nos larmes,
Fait enfin cesser nos allarmes.

Les

Les plaisirs les beaux jours,
Vont reprendre leurs cours.

LE GRAND CHOEUR.

Les plaisirs les beaux jours,
Vont reprendre leur cours.

CHOEUR DES FILLES.

Aprés avoir souffert des rigueurs inhumaines,
Goûtons le bon-heur de voir finir nos peines,
On ne connoît le prix des plus parfaits plaisirs,
Qu'aprés avoir poussé de rigoureux soûpirs.

UN DES HABITANS.

Nous devons à nôtre Auguste Maître
Le repos que nous voyons renaître.
Quel objet est plus beau pour la valeur d'un Roy,
Que le calme des cœurs qui vivent sous sa loy.

LE GRAND CHOEUR.

Nous devons à nôtre Auguste Maître
Le repos que nous voyons renaître.
Quel objet est plus beau pour la valeur d'un Roy,
Que le calme des cœurs qui vivent sous sa loy.

LE PETIT CHOEUR.

Trop heureuse immortéle,
Revenez en ces lieux,
Adonis vous apelle,
Paroissez à ses yeux.

Qu'il eſt doux de revoir dans un Amant fidéle
Un vainqueur glorieux.

LE GRAND CHOEUR.

Adonis a domté le monſtre & ſa fureur,
De nos Champs déſolez il bannit la terreur.

Venus de retour de Paphos deſcend de ſon Char
au milieu des dances, & des acclamations
du Peuple.

SCENE SIXIE'ME.

VENUS, LE CHOEUR.

VENUS.

QU'un triſte éloignement m'a fait verſer de
larmes !
Que mes yeux vont trouver de charmes
A revoir en ces lieux l'objet de mon amour.
On ſe plaint, on languit loin d'un Amant fidéle ;
Mais l'abſence la plus cruelle,
Ne ſert qu'à préparer aux douceurs du retour.

Mille voix m'ont appris les perils & la gloire
Du Heros qui fait mes deſirs ;
Allons mêler le bruit de nos tendres ſoûpirs
Avec les chants de ſa victoire.

SCENE SEPTIE'ME.
VENUS, CYDIPE, LE CHOEUR.

CYDIPE.

Orgueilleuse Divinité,
Pleure, pleure à jamais ta tendresse fatale,
Quitte l'aveugle espoir dont ton cœur est flatté,
   Et connois enfin ta rivale.
C'est moy qui pour vanger mon amour offensé,
De l'implacable Mars ay reveillé la haine ;
   En vain le monstre terrassé
   Sembloit suspendre nôtre peine.
Diane en le rendant à la clarté des Cieux,
A sceu contre Adonis renouveller sa rage,
Et le sang d'un ingrat versé sur ce rivage,
   Vange mes tourmens & les Dieux.

VENUS.

Il est mort ! Dieux cruels !... perfide à quel supplice?...

CYDIPE.

Arrête, je sçay trop ce ce que j'ay mérité,
   Et voicy le coup souhaité
Qui d'un funeste amour va te faire justice,
Elle se tuë. C'en est fait, je sens que je meurs,
Trop heureuse de voir la fin de mes malheurs,
   Tandis que le rang d'immortelle
Te condamne à souffrir une peine éternelle.

SCENE DERNIE'RE.
VENUS, LE CHOEUR.
VENUS.

IL est mort ! Ciel barbare ! ô destins ennemis,
Impitoyables Dieux vous l'avez-donc permis !
    Je ne verray plus ce que j'aime ?
Le sommeil de la mort a fermé pour jamais,
Ces yeux de qui l'amour empruntoit tous ses traits,
    O disgrace, ô rigueur extrême !

Eclatez mes soûpirs, coulez, coulez, mes pleurs,
Je n'en puis trop verser en de si grands malheurs.

    Que toute la terre gémisse,
    Que l'air de nos cris retentisse
LE CHOEUR.
    Que toute la terre gémisse,
    Que l'air de nos cris retentisse.
VENUS.
Le plus beau des mortels vient de perdre le jour.
LE CHOEUR.
    Que toute la Terre gémisse.
VENUS.
Venus perd ce qu'elle aime, & le perd sans retour.
LE CHOEUR.
    Que l'air de nos cris retentisse,
    Que chacun partage à son tour
    L'horreur d'un si cruel supplice.
FIN.